ΒΕΛΤΙΩΣΤΕ ΤΗΝ ΕΠΙΧΕΙΡΗΣΗ ΣΑΣ ΜΕΣΩ ΤΟΥ KAIZEN

ΒΑΣΙΚΕΣ ΠΛΗΡΟΦΟΡΙΕΣ

- **Ονόματα:** Kaizen, συνεχής βελτίωση, σταδιακή βελτίωση.

- **Χρήσεις:** Η προσέγγιση αυτή χρησιμοποιείται κυρίως στις επιχειρήσεις και αποσκοπεί στη βελτίωση της ποιότητας των αποτελεσμάτων σε μια γραμμή παραγωγής με μικρές αλλαγές στη μέθοδο εργασίας. Μπορεί επίσης να μεταφερθεί στην καθημερινή ζωή, καθώς επιτρέπει μικρές και ανέξοδες βελτιώσεις.

- **Γιατί είναι επιτυχημένη;** Το Kaizen, το οποίο μπορεί να περιλαμβάνει όλες τις υπηρεσίες και όλους τους εργαζόμενους σε μια εταιρεία, έχει αποδειχθεί αποτελεσματικό, καθώς επιτρέπει στους χρήστες να βελτιώσουν την παραγωγικότητα και την ποιότητα των προϊόντων μειώνοντας τους χρόνους αναμονής και βελτιστοποιώντας τη διαδικασία παραγωγής. Σε ευρύτερη κλίμακα, βελτιώνει τις συνθήκες εργασίας στην εταιρεία.

- **Λέξεις-κλειδιά:**

  - <u>Συνεχής βελτίωση</u>: Η έννοια αυτή καθίσταται δυνατή μέσω της χρήσης εργαλείων και μεθόδων που είναι όλο και πιο αποδοτικά και καλύτερα προσαρμοσμένα στη δραστηριότητα της εταιρείας. Αυτά τα εργαλεία και οι μέθοδοι επανεξετάζονται και βελτιστοποιούνται

ΒΕΛΤΙΩΣΤΕ ΤΗΝ ΕΠΙΧΕΙΡΗΣΗ ΣΑΣ ΜΕΣΩ ΤΟΥ KAIZEN

Μικρές αλλαγές, μεγάλες ανταμοιβές

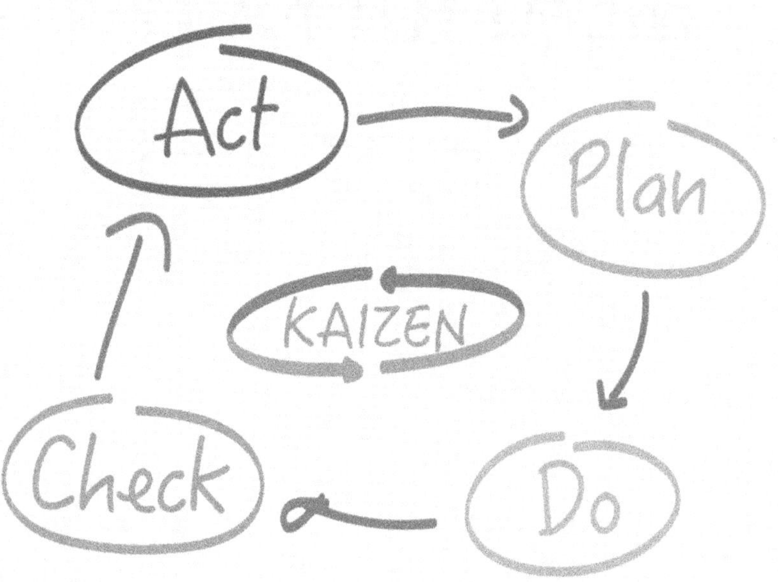

ΒΕΛΤΙΩΣΤΕ ΤΗΝ ΕΠΙΧΕΙΡΗΣΗ ΣΑΣ ΜΕΣΩ ΤΟΥ KAIZEN

Μικρές αλλαγές, μεγάλες ανταμοιβές

γραμμένο από Antoine Delers
μεταφρασμένο από Lina Sideris

συνεχώς, οδηγώντας σε μικρές αλλαγές και νέες βέλτι-
στες πρακτικές.

○ <u>Λιτή διαχείριση</u>: (*muda*), την υπερφόρτωση εργασίας
που προκαλείται από ανεπαρκείς διαδικασίες (*muri*) και
την ασυνέπεια (*mura)* σε μια εταιρεία.

○ <u>Σύστημα παραγωγής της Toyota</u>: Στόχος της είναι η μεγι-
στοποίηση της ποιότητας, η μείωση των ελαττωμάτων
και της σπατάλης και η συνεχής βελτίωση της επιχείρη-
σης. Αυτός ο τύπος οργάνωσης της εργασίας περιλαμ-
βάνει τη λιτή παραγωγή και το Kaizen.

ΕΙΣΑΓΩΓΗ

Το Kaizen πρωτοεμφανίστηκε στην Ιαπωνία τη δεκαετία του
1950, όταν ένας μηχανικός, ο Taiichi Ohno (1912-1990), δημι-
ούργησε το Σύστημα Παραγωγής της Toyota, ένα είδος οργά-
νωσης της εργασίας που βασίζεται στη μείωση του κόστους
σε συνδυασμό με τη βελτίωση της παραγωγικότητας και της
ποιότητας των προϊόντων. Το Σύστημα Παραγωγής της Toyota
περιλαμβάνει μια σειρά εργαλείων για την επίτευξη των στό-
χων της ποιότητας, της κερδοφορίας και της μείωσης του
κόστους που είχαν τεθεί προηγουμένως. Σε αυτά περιλαμβά-
νονται η παραγωγή "just-in-time" και το Kaizen.

ΟΡΙΣΜΟΣ ΤΟΥ ΜΟΝΤΕΛΟΥ

Το Kaizen είναι μια προσέγγιση που περιλαμβάνει συνεχή βελ-
τίωση και μπορεί να εφαρμοστεί σε μια γραμμή παραγωγής.
Από τις ιαπωνικές λέξεις *Kai*, που σημαίνει "αλλαγή", και *Zen*,
που σημαίνει "καλό" ή "καλύτερο", το Kaizen βασίζεται
στη συνεχή προσαρμογή των υφιστάμενων εργαλείων και

διαδικασιών για τη βελτίωση του τελικού αποτελέσματος. Η προσέγγιση αυτή, η οποία απαιτεί τη συμμετοχή όλων των εργαζομένων και των διευθυντών, θεωρείται περισσότερο ως κατάσταση πνεύματος παρά ως πραγματική μέθοδος. Περιλαμβάνει διάφορα άλλα εργαλεία που μπορούν να χρησιμοποιηθούν μαζί, όπως η PDCA, η Διοίκηση Ολικής Ποιότητας και η Ανταλλαγή ή Πεθαίνω ενός λεπτού.

Το Kaizen προέρχεται από την Ασία και σηματοδοτεί μια ρήξη με το δυτικό σύστημα, με την έννοια ότι στοχεύει σε μικρές βελτιώσεις και όχι σε μεγάλες καινοτομίες. Οι σχετικές αλλαγές είναι μικρές και συνεχείς και, ως εκ τούτου, δεν απαιτούν σημαντικές επενδύσεις. Η προσέγγιση αυτή εφαρμόζεται κυρίως σε οργανισμούς όπου υπάρχει κουλτούρα του ανήκειν, κάτι που είναι χαρακτηριστικό των ιαπωνικών επιχειρήσεων. Σε τέτοιες εταιρείες, όλοι, από τον διευθύνοντα σύμβουλο μέχρι τους απλούς εργαζόμενους, μοιράζονται την ίδια αφοσίωση και το ίδιο αίσθημα ανήκειν προς την εταιρεία τους. Κατά συνέπεια, προσπαθούν να εκτελούν την εργασία τους όσο το δυνατόν καλύτερα και, ως εκ τούτου, να τη βελτιώνουν συνεχώς- αυτή η αντίληψη για την εργασία συνέβαλε στην τεράστια επιτυχία της εταιρείας Toyota.

ΘΕΩΡΙΑ

ΠΡΟΕΛΕΥΣΗ

Στο τέλος του Δεύτερου Παγκοσμίου Πολέμου (1939-1945), η Ιαπωνία έμεινε κατεστραμμένη και η οικονομία της ήταν σε ερείπια. Το σύστημά της, το οποίο βασιζόταν προηγουμένως στην εδαφική κατάκτηση και στη δύναμη του στρατού της, είχε χάσει τη σημασία του. Η Ιαπωνία αποφάσισε να χρησιμοποιήσει την παραγωγή για να αναζωογονήσει την οικονομία της.

Ένας μηχανικός της εποχής, ο Taiichi Ohno, πρότεινε τότε μια νέα μέθοδο οργάνωσης της εργασίας και έθεσε τις βασικές αρχές της. Η μέθοδος αυτή έγινε γνωστή ως Σύστημα Παραγωγής της Toyota, από το όνομα της εταιρείας στην οποία πρωτοεμφανίστηκε. Το σύστημα αυτό θεωρείται ότι αποτελεί βελτίωση του τεϋλορισμού και του φορντισμού, δύο αμερικανικών μεθόδων οργάνωσης της εργασίας που υποστηρίζουν τη βελτίωση και όχι την καινοτομία.

Η πρωτοτυπία του Kaizen έγκειται στη γενική συμμετοχή ολόκληρης της εταιρείας, από τους εργαζόμενους μέχρι τις διαδικασίες που είναι απαραίτητες για την κατασκευή των προϊόντων. Κάθε μέλος πρέπει να συμμετέχει στην εφαρμογή στοιχείων που αποσκοπούν στη βελτίωση της εταιρείας, τα οποία έχουν καθοριστεί εκ των προτέρων. Το Kaizen περιλαμβάνει συχνά την ενδυνάμωση μικρών ομάδων εργαζομένων, οι οποίοι συναντώνται για να εντοπίσουν επαναλαμβανόμενα προβλήματα και να βρουν λύσεις σε αυτά. Προτείνεται επίσης η δημιουργία "κουτιών προτάσεων" (για παράδειγμα, ένα γραμματοκιβώτιο που τοποθετείται στο εργοστάσιο) για να μπορούν οι εργαζόμενοι να εκφράζουν τις απόψεις τους, να επισημαίνουν τα διάφορα υπάρχοντα προβλήματα και να προτείνουν λύσεις. Εάν μια ιδέα κριθεί σχετική, θα αποτελέσει αντικείμενο ενός έργου που θα ανατεθεί σε μια ομάδα υπεύθυνη για την εφαρμογή των νέων πρακτικών.

Τέλος, πρέπει να θυμόμαστε ότι, όπως υποδηλώνει η μετάφρασή του, το Kaizen πρέπει να επαναλαμβάνεται συνεχώς για να λειτουργεί καλά. Δεν απαιτεί μεγάλες επενδύσεις και παράγει μόνο μικρές βελτιώσεις, οι οποίες, όταν βελτιστοποιούνται με την πάροδο των ετών, επιτρέπουν στην επιχείρηση να παραμείνει ανταγωνιστική και να επιδιώκει συνεχή βελτίωση.

 # Το Ινστιτούτο Kaizen

Το Ινστιτούτο Kaizen είναι μια εταιρεία παροχής συμβουλών για τη μεθοδολογία Kaizen που ιδρύθηκε στα μέσα της δεκαετίας του 1980. Βοηθά και καθοδηγεί τις επιχειρήσεις που επιθυμούν να βελτιώσουν την απόδοσή τους. Με αυτόν τον τρόπο, υποστηρίζει τους πελάτες στα έργα συνεχούς βελτίωσης, ενώ ταυτόχρονα αναπτύσσει και δημοσιεύει πόρους σχετικά με νέες πτυχές της μεθόδου.

ΕΦΑΡΜΟΓΕΣ ΣΤΙΣ ΕΠΙΧΕΙΡΗΣΕΙΣ

Από τη στιγμή που το Kaizen εφαρμόζεται σε ομάδες εργασίας, μετατρέπεται σε πραγματικό ομαδικό έργο: τίθενται σε εφαρμογή κουτιά προτάσεων και εβδομαδιαίες συναντήσεις, ενώ η μέθοδος προτείνει επίσης την προσφορά ανταμοιβών στους υπαλλήλους που έχουν τις καλύτερες ιδέες. Ωστόσο, πρέπει να ληφθεί υπόψη ότι το Kaizen δεν είναι μια αυτόνομη μέθοδος, καθώς πρέπει να συνδυαστεί με άλλα εργαλεία για να λειτουργήσει.

Το Kaizen χρησιμοποιείται σε:

- **Διαχείριση ποιότητας.** Στόχος της είναι να επικεντρωθεί στη βελτίωση της ποιότητας στη γραμμή παραγωγής, η οποία είναι απαραίτητη για να παραμείνουμε μπροστά από τους ανταγωνιστές και να οικοδομήσουμε την αφοσίωση των πελατών. Στη διαχείριση ολικής ποιότητας (TQM), που χρησιμοποιείται από την προσέγγιση Kaizen, συμμετέχουν όλοι οι εργαζόμενοι προκειμένου να επιτευχθεί σχεδόν τέλεια ποιότητα, γνωστή ως μηδενικά ελαττώματα. Επιδιώκεται η συνεχής βελτίωση των αποτελεσμάτων, ακόμη και αν το αρχικό εργαλείο είναι ήδη αποτελεσματικό.

ΤΙ ΕΙΝΑΙ Η ΜΕΘΟΔΟΣ ΜΗΔΕΝΙΚΩΝ ΕΛΑΤΤΩΜΑΤΩΝ;

Η μέθοδος των μηδενικών ελαττωμάτων υποστηρίζει την ολική ποιότητα των προϊόντων, χωρίς ελαττώματα. Στην πραγματικότητα, τα μηδενικά ελαττώματα δεν είναι ποτέ απολύτως εφικτά. Ο πραγματικός στόχος είναι η ανάπτυξη μιας κουλτούρας όπου οι εργαζόμενοι αναζητούν συνεχώς έναν τρόπο να πλησιάσουν την τελειότητα. Αυτή η ίδια η έννοια αποτελεί μέρος μιας ευρύτερης: τα 5 μηδενικά, δηλαδή μηδέν χρόνος, μηδέν χαρτί, μηδέν απόθεμα, μηδέν ελαττώματα και μηδέν αποτυχίες.

- **Βελτίωση της παραγωγικότητας.** Το Kaizen μπορεί επίσης να εφαρμοστεί στο επίπεδο της αύξησης της παραγωγικότητας. Μια αλυσίδα παραγωγής μπορεί να περιλαμβάνει μπλοκαρίσματα σε διάφορα σημεία, μη παραγωγικές θέσεις ή γραμμές παραγωγής που είναι πολύ αργές. Σε τέτοιες περιπτώσεις μπορούν να χρησιμοποιηθούν διάφορα εργαλεία. Το SMED (Single-Minute Exchange of Die), που προέρχεται από το σύστημα παραγωγής της Toyota, είναι ένα από αυτά: επιδιώκει να μειώσει το χρόνο που δαπανάται για την αλλαγή της βαθμονόμησης και των εργαλείων για την κατασκευή ενός άλλου προϊόντος. Αυτό οδηγεί σε μια προσέγγιση Kaizen, καθώς η βελτίωση της παραγωγικότητας συνεπάγεται κοινό βαθύ προβληματισμό στις ομάδες, προκειμένου να αναλυθούν και να εξορθολογιστούν οι λειτουργίες αυτού του τύπου. Μπορεί επίσης να χρησιμοποιηθεί ένα άλλο εργαλείο, το οποίο ονομάζεται παραγωγή "just-in-time" (JIT). Με τη μέθοδο αυτή, κάθε ημιτελές προϊόν θα πρέπει να ολοκληρώνεται και κάθε τεμάχιο θα πρέπει να φτάνει τη σωστή στιγμή και στο σωστό σημείο της γραμμής παραγωγής. Με τον τρόπο αυτό αποφεύγεται η διακοπή της παραγωγής σε περίπτωση απουσίας εξαρτημάτων και αποφεύγεται η παραμονή μεγάλων ποσοτήτων εξαρτημάτων σε αναμονή της κατασκευής.

- **Βελτίωση των συνθηκών εργασίας.** Το Kaizen επιτρέπει τη βελτίωση των συνθηκών εργασίας για τους εργάτες και τους υπαλλήλους, ιδίως με τη βελτιστοποίηση του επαγγελματικού τους περιβάλλοντος. Συνδέεται στενά με τις προηγούμενες εφαρμογές, επειδή οι αλλαγές στους χώρους εργασίας συχνά επηρεάζουν -και βελτιώνουν- την παραγωγικότητα και την ποιότητα. Επιπλέον, η προσέγγιση αυτή επιτρέπει στις επιχειρήσεις να παρακινούν καλύτερα τις ομάδες τους και να μειώνουν τον κίνδυνο ατυχημάτων. Η μέθοδος 5 S αντιμετωπίζει αυτό το πρόβλημα, καθώς μπορεί να εφαρμοστεί άμεσα στους χώρους εργασίας των εργαζομένων: *Seiri* ("ταξινομώ"), *Seiton* ("βάζω σε τάξη"), *Seisou* ("λάμπω"), *Seiketsu* ("τυποποιώ") και *Shitsuke* ("διατηρώ").

- **Μείωση του κόστους.** Η τελευταία εφαρμογή του Kaizen αφορά τη μείωση του κόστους παραγωγής. Είναι το αποτέλεσμα των βελτιώσεων που επιτυγχάνονται χάρη σε μία από τις τρεις προαναφερθείσες εφαρμογές της μεθόδου.

ΠΛΕΟΝΕΚΤΗΜΑΤΑ

Το Kaizen έχει πολλά πλεονεκτήματα. Εκτός από αυτά που αναφέρθηκαν προηγουμένως και αποτελούν την ουσία της προσέγγισης Kaizen, δηλαδή τη βελτίωση της ποιότητας, της παραγωγικότητας και των συνθηκών εργασίας, η μέθοδος έχει και άλλα πλεονεκτήματα.

- Η χρήση του Kaizen επιτρέπει την ομαλή εφαρμογή των αλλαγών εντός των ομάδων. Τα μέλη μιας εταιρείας δεν υποβάλλονται σε υπερβολική πίεση σχετικά με τις αλλαγές, δεδομένου ότι η πρωτοβουλία για αυτές τις αλλαγές προέρχεται κυρίως από τους ίδιους τους εργαζόμενους. Επομένως, γίνονται ευκολότερα αποδεκτές και οι εργαζόμενοι, νιώθοντας ότι τις εκτιμούν, έχουν περισσότερα κίνητρα να τις εφαρμόσουν στην πράξη.

- Οι βελτιώσεις στους σταθμούς εργασίας αυξάνουν τα κίνητρα των εμπλεκόμενων ομάδων. Αυτή η νέα έκρηξη ενθουσιασμού μπορεί να μεταδοθεί χάρη σε μια νέα συνεδρία προβληματισμού για τη βελτίωση Kaizen. Το Kaizen περιλαμβάνει τη "συνεχή" βελτίωση, η οποία απαιτεί οι προβληματισμοί για την τελειοποίηση των διαδικασιών και των προϊόντων να πραγματοποιούνται καθημερινά.

- Το Kaizen παρέχει γρήγορα αποτελέσματα. Οι ομάδες, οι οποίες δοκιμάζουν άμεσα τις μικρές βελτιώσεις, επαληθεύουν ταχύτερα τη χρησιμότητά τους, έτσι ώστε ο κίνδυνος που ενέχει η εφαρμογή ενός νέου μηχανήματος ή ενός νέου λογισμικού να είναι πολύ χαμηλός.

- Τέλος, το Kaizen μπορεί να ανταποκριθεί στον ανταγωνισμό και, συνεπώς, στη ζήτηση για ανταγωνιστικότητα στις επιχειρήσεις, και όλα αυτά χωρίς τη χρήση σημαντικών πόρων ή τεράστιων επενδύσεων.

> *"Το να βελτιώνεσαι σημαίνει να αλλάζεις- το να είσαι τέλειος σημαίνει να αλλάζεις συχνά".*
> *(Winston Churchill)*

ΠΡΑΚΤΙΚΗ ΕΦΑΡΜΟΓΗ

Τα διάφορα στάδια υλοποίησης της διαδικασίας, που είναι συλλογικά γνωστά ως "έργο Kaizen", καθίστανται δυνατά με τη χρήση εργαλείων που σχετίζονται με το Kaizen και προέρχονται από το σύστημα παραγωγής της Toyota (TPS). Ενώ τα περισσότερα από αυτά έχουν ήδη αναφερθεί, άλλα θα συμβάλουν στη δημιουργία του έργου που περιγράφεται παρακάτω.

Ένα έργο Kaizen είναι ένας μοναδικός και πολύ σύντομος κύκλος βελτίωσης που πρέπει να επαναλαμβάνεται συνεχώς μόλις ολοκληρωθεί. Η διάρκειά του μπορεί να κυμαίνεται από μερικές ημέρες έως ένα μήνα εργασίας, ανάλογα με την πολυπλοκότητα των επιθυμητών βελτιώσεων και υλοποιήσεων. Για το λόγο αυτό, κάθε έργο πρέπει να διαδέχεται γρήγορα ένα άλλο και είναι δυνατόν να πραγματοποιούνται ταυτόχρονα περισσότερα από ένα.

ΣΤΑΔΙΟ 1: ΠΡΟΚΑΤΑΡΚΤΙΚΗ ΑΝΑΛΥΣΗ

Σε αυτό το πρώτο στάδιο, πραγματοποιείται μια προκαταρκτική ανάλυση της κατάστασης, με στόχο την επισήμανση των σημείων προς βελτίωση. Αυτά μπορεί, φυσικά, να είναι ένα από τα προβλήματα που περιγράφηκαν παραπάνω, αλλά δεν περιορίζονται σε αυτά- το Kaizen επικεντρώνεται στη βελτιστοποίηση των διαδικασιών, ακόμη και αν αυτές φαίνονται να λειτουργούν καλά, προκειμένου να γίνουν ακόμη πιο αποτελεσματικές. Για τον εντοπισμό των αιτιών που εμποδίζουν τα μέλη της ομάδας να επιτύχουν ποιότητα μηδενικών ελαττωμάτων, μπορεί να είναι σκόπιμο να χρησιμοποιηθεί το διάγραμμα Ishikawa, όπως απεικονίζεται παρακάτω:

 # ΔΙΑΓΡΑΜΜΑ ISHIKAWA

Το διάγραμμα Ishikawa, το οποίο ονομάζεται επίσης διάγραμμα αιτίας και αποτελέσματος, διάγραμμα 5 Ms ή διάγραμμα ψαροκόκαλου, είναι ένα εργαλείο διαχείρισης της ποιότητας που εισήγαγε ο Kaoru Ishikawa λίγο μετά τον Δεύτερο Παγκόσμιο Πόλεμο. Παρέχει μια οπτική αναπαράσταση των βαθύτερων αιτιών ενός προβλήματος σε πέντε κλάδους: υλικό, μέθοδος, μητέρα φύση, μηχανή και ανθρώπινο δυναμικό.

Αφού εντοπιστούν τα αίτια και οι τομείς που χρήζουν βελτίωσης, είναι απαραίτητο να ολοκληρωθεί μια λεπτομερής έρευνα της τρέχουσας κατάστασης (με τη χρήση μέτρων, στοιχείων αναφοράς κ.λπ.), προκειμένου να συγκριθεί με τα αποτελέσματα που θα προκύψουν μετά την αλλαγή. Ο έλεγχος ότι οι βελτιώσεις που έγιναν στις διαδικασίες είναι επιτυχείς, ακόμη και αν το κέρδος μπορεί μερικές φορές να είναι ελάχιστο, είναι εξαιρετικά σημαντικός. Ανάλογα με τον επιδιωκόμενο στόχο, μπορούν να μετρηθούν τα ακόλουθα:

- **Η διάρκεια μιας διαδικασίας.** Στην περίπτωση αυτή, μπορεί να μελετάται ο χρόνος που απαιτείται για την κατασκευή ενός προϊόντος ή για την παράδοση ενός προϊόντος ή μιας υπηρεσίας (π.χ. ένα γεύμα σε ένα εστιατόριο).

- **Παραγόμενες ποσότητες.** Η εστίαση εδώ είναι στον αριθμό των προϊόντων που κατασκευάζονται. Το μέτρο αυτό υπολογίζεται σε σαφώς καθορισμένα χρονικά διαστήματα.

- **Ποσοστά ικανοποίησης.** Είτε αφορά τους εργαζόμενους στην εργασία τους, είτε τους πελάτες σε σχέση με τις παραγγελίες τους είτε οποιονδήποτε άλλο ενδιαφερόμενο στη διαδικασία, η ικανοποίηση μετράται πριν και μετά το έργο Kaizen.

- **Απορρίπτει.** Πρόκειται για το ποσοστό των αποβλήτων και τον αριθμό των απορριφθέντων προϊόντων (προϊόντα με σχεδιαστικές ατέλειες που είναι παρωχημένα ή έχουν υποστεί ζημιά κατά τη φάση του σχεδιασμού).

- **Κόστος.** Εδώ αναλύεται η τιμή κόστους ενός προϊόντος.

Τέλος, εφαρμόζεται ένα επιχειρησιακό σχέδιο του έργου Kaizen. Δεδομένου του μικρού χρονικού διαστήματος μεταξύ της έναρξης και του τέλους του Kaizen – δεδομένου ότι πρέπει να ολοκληρωθεί σχετικά γρήγορα – η δραστηριότητα αυτή μπορεί να ελαχιστοποιηθεί (σε ένα ή περισσότερα τμήματα ή γραμμές παραγωγής). Αυτό μπορεί να συγκριθεί με τις ευέλικτες μεθόδους ανάπτυξης και διαχείρισης έργων, οι οποίες αποτελούνται από μια διαδοχή πολύ σύντομων κύκλων που διαδέχονται ο ένας τον άλλον σε μικρά χρονικά διαστήματα και οι οποίοι προσφέρουν μια γρήγορη ματιά στα ενδιάμεσα αποτελέσματα. Κατά συνέπεια, ορισμένα στάδια του έργου, όπως η λεπτομερής κατάρτιση του σχεδίου Kaizen, μπορούν να θεωρηθούν περιττά και πολύ χρονοβόρα για να χρησιμοποιηθούν.

ΣΤΑΔΙΟ 2: ΕΠΙΛΟΓΗ ΟΜΑΔΩΝ ΕΡΓΑΣΙΑΣ ΚΑΙ ΚΥΚΛΩΝ ΠΟΙΟΤΗΤΑΣ

Το δεύτερο στάδιο του έργου Kaizen αποσκοπεί στην εκπαίδευση και την προετοιμασία των ομάδων που θα εργαστούν στο έργο. Παρόλο που όλοι οι εργαζόμενοι πρέπει να συμμετέχουν τουλάχιστον σε κάποιο βαθμό στη βελτίωση, ο ορισμός μιας ομάδας έργου υπεύθυνης για την ομαλή εξέλιξη του έργου είναι απαραίτητος.

Η φιλοσοφία του Kaizen προϋποθέτει ότι οι εργαζόμενοι που εργάζονται άμεσα στη γραμμή παραγωγής και στο προϊόν θα συμμετάσχουν στο έργο, καθώς είναι τα πιο εμπλεκόμενα μέλη και συχνά γνωρίζουν καλύτερα τα μυστικά της δουλειάς τους. Καθώς αυτοί είναι οι άνθρωποι που μπορούν να βρουν καλύτερα ιδέες για βελτίωση, θα επιτύχουν αποτελεσματικά τους στόχους του Kaizen, δηλαδή να βρουν γρήγορα τρόπους για την τελειοποίηση της διαδικασίας ώστε να δημιουργηθεί όσο το δυνατόν λιγότερο κόστος. Κάποιοι μπορεί να προτιμούν να χρησιμοποιούν ομάδες εξωτερικών συμβούλων και μηχανικών για τη βελτίωση της αποτελεσματικότητας, αλλά αυτό δεν ανταποκρίνεται καθόλου στη νοοτροπία του Kaizen.

Ως εκ τούτου, διορίζεται μια ομάδα έργου και εκπαιδεύεται στη διαχείριση του προσωπικού και τη διαχείριση των αλλαγών. Η ομάδα θα είναι υπεύθυνη για την επιτυχή υλοποίηση του έργου Kaizen με τη διοργάνωση κύκλων ποιότητας, δηλαδή ομάδων εργαζομένων που συγκεντρώνονται για έναν καταιγισμό ιδεών προκειμένου να διατυπώσουν και να συζητήσουν ιδέες για τη βελτίωση των διαδικασιών. Στο πλαίσιο αυτό, μπορεί να χρησιμοποιηθεί ένας χάρτης του νου για να παρουσιάσουν τις σκέψεις και τις προτεινόμενες λύσεις τους με οπτικό και απλό τρόπο.

ΣΤΑΔΙΟ 3: ΕΦΑΡΜΟΓΗ ΚΑΙ ΥΠΟΛΟΓΙΣΜΟΣ ΑΠΟΤΕΛΕΣΜΑΤΩΝ

Το τρίτο βήμα είναι η υλοποίηση του έργου Kaizen. Οι ομάδες εφαρμόζουν άμεσα τις αλλαγές που απαιτούνται για τη βελτίωση των διαδικασιών. Όπως και τα δύο πρώτα, το στάδιο αυτό είναι πολύ γρήγορο, καθώς οι αλλαγές που αφορούν είναι συχνά μικρές.

Ακολουθεί επαναξιολόγηση των μέτρων που συγκεντρώθηκαν προηγουμένως (κατά το πρώτο στάδιο). Είναι σημαντικό να μετρηθεί η εξέλιξη και ο αντίκτυπος των αλλαγών και, ενδεχομένως, να προσαρμοστούν. Μπορεί να δημιουργηθεί ένα διάγραμμα των αλλαγών, ώστε να μπορούν εύκολα να συγκριθούν τα αποτελέσματα των αλλαγών που υλοποιήθηκαν με αυτά που είχαν αρχικά προγραμματιστεί.

ΣΤΑΔΙΟ 4: ΑΝΑΤΡΟΦΟΔΟΤΗΣΗ

Αφού γίνουν οι βελτιώσεις, είναι καιρός για ανατροφοδότηση. Η ομάδα συνεδριάζει ξανά και αξιολογεί το συνολικό αποτέλεσμα με βάση τα αποτελέσματα που παρατηρήθηκαν. Θα πρέπει επίσης να ληφθούν υπόψη δύο κρίσιμα σημεία:

- **Ανταμοιβές για τον καλύτερο εργαζόμενο.** Είναι σημαντικό να επισημαίνονται και να συγχαίρονται οι εργαζόμενοι που έχουν συνεισφέρει τα μέγιστα. Η ιδέα είναι να παρακινηθούν οι ομάδες να επανέλθουν στον κύκλο Kaizen, ενθαρρύνοντάς τους να ξεπερνούν συνεχώς τον εαυτό τους, τόσο για να βελτιώνουν τη δουλειά τους όσο και για να αισθάνονται ότι τους εκτιμούν σε επαγγελματικό επίπεδο.

- **Διαχείριση αλλαγών.** Η ομάδα που είναι υπεύθυνη για την επιτυχία του έργου θα πρέπει να επικοινωνεί και να καθοδηγεί τους εργαζόμενους, ώστε να έχουν όλα τα στοιχεία για την επιτυχία της υλοποίησης.

 **ΔΙΑΧΕΙΡΙΣΗ ΑΛΛΑΓΩΝ**

Η διαχείριση των αλλαγών περιλαμβάνει όλες τις διοικητικές πρακτικές που επιτρέπουν την παρακολούθηση και τη βέλτιστη επικοινωνία των αλλαγών εντός μιας επιχείρησης, σε όλα τα επίπεδα της ιεραρχίας. Η υποστήριξη αυτή είναι απαραίτητη για να μπορέσουν όλοι να αποδεχθούν τις νέες αλλαγές. Θα πρέπει να θυμόμαστε ότι στην περίπτωση του Kaizen, οι ίδιες οι ομάδες έχουν συμμετάσχει στις βελτιώσεις- επομένως, θα αποδεχθούν ευκολότερα τις αλλαγές.

ΒΑΣΙΚΑ ΕΡΓΑΛΕΙΑ ΚΑΙ ΜΕΘΟΔΟΙ ΣΤΟ KAIZEN

Υπάρχουν πολλά εργαλεία και μέθοδοι που μπορούν να χρησιμοποιηθούν με την προσέγγιση Kaizen. Θα περιοριστούμε εδώ σε αυτά που προέρχονται από το Σύστημα Παραγωγής της Toyota γενικά.

- **Το SMED** (Single Minute Exchange of Die) είναι ένα εργαλείο για την ανάλυση των αλλαγών στη βαθμονόμηση ή στα εργαλεία. Επιτρέπει στους χρήστες να μελετήσουν το χρόνο που απαιτείται για την αλλαγή εργαλείων για κάθε φάση της παραγωγής και να τον περιορίσουν σε 10 λεπτά το πολύ (ο όρος "ένα λεπτό" σημαίνει "χρονικό διάστημα σε λεπτά που αποτελείται από ένα μόνο ψηφίο", δηλαδή μεταξύ ενός και εννέα λεπτών). Ο στόχος είναι η παραγωγή διαφορετικών προϊόντων ή υλικών – με διαφορετικά χαρακτηριστικά, ιδίως όσον αφορά το μέγεθος – με τη συνέχιση της χρήσης του ίδιου μηχανήματος, το οποίο επομένως θα πρέπει να επαναβαθμονομηθεί.

- **Η μέθοδος 5 S, η** οποία περιλαμβάνει τα *Seiri* ("ταξινομώ"), *Seiton* ("βάζω σε τάξη"), *Seisou* ("λάμπει"), *Seiketsu* ("τυποποιώ") και *Shitsuke* ("διατηρώ"), επιτρέπει στους χρήστες να διαχειρίζονται καλύτερα τα εργαστήρια, τους χώρους εργασίας και τα διαλείμματα των εργαζομένων. Στόχος είναι η καλύτερη οργάνωση του επαγγελματικού χώρου για τη βελτίωση των συνθηκών εργασίας των ομάδων.

- Ο ιαπωνικός όρος **Kanban** προσδιορίζει μια ετικέτα που τοποθετείται σε μια παρτίδα εξαρτημάτων σε μια γραμμή παραγωγής, η οποία επιστρέφει στο σημείο εκκίνησης μόλις χρησιμοποιηθούν όλα τα εξαρτήματα. Το εργαλείο αυτό χρησιμοποιείται σε μια ροή παραγωγής "shot", που σημαίνει ότι η παραγωγή είτε περιμένει είτε επανεκκινείται ("shot") μόλις όλα τα εξαρτήματα που είχαν αποσταλεί προηγουμένως έχουν χρησιμοποιηθεί χάρη στο Kanban.

- **Η PDCA,** που σημαίνει Plan, Do, Check and Act, είναι μια κυκλική μέθοδος βελτίωσης της ποιότητας, όπως το Kaizen.

- **Η TQM (Διοίκηση Ολικής Ποιότητας)** είναι μια έννοια διαχείρισης της ποιότητας που αποσκοπεί στη συμμετοχή όλων των μελών της επιχείρησης στην αναζήτηση της ποιότητας, με την αποφυγή της σπατάλης και της απόρριψης, προκειμένου να επιτευχθούν μηδενικά ελαττώματα.

- **Η TPM (Total Productive Maintenance)** είναι μια προληπτική μέθοδος για τη διαχείριση των εργαλείων εργασίας

στη γραμμή παραγωγής, η οποία ενθαρρύνει τους εργαζό-
μενους να προβλέπουν και να επιλύουν οι ίδιοι τα προβλή-
ματά τους με τις μηχανές που χρησιμοποιούν.

- **Η παραγωγή Just-in-time (JIT)** είναι μια μέθοδος διαχείρι-
σης της παραγωγής που ευνοεί ένα σύστημα οργάνωσης
στο οποίο κανένα εξάρτημα (που απαιτείται για την παρα-
γωγή ενός μελλοντικού προϊόντος) δεν αποθηκεύεται εκ
των προτέρων. Αντίθετα, κάθε κομμάτι φτάνει στον τόπο
σχεδιασμού, στο σωστό μέρος και τη σωστή στιγμή, ώστε
να μπορεί να χρησιμοποιηθεί άμεσα. Αυτή η τεχνική, η
οποία συνδυάζεται ιδιαίτερα καλά με τη μέθοδο Kanban,
επιτρέπει στους χρήστες να μειώσουν τα αποθέματα,
καθώς η παραγωγή ξεκινά μόνο όταν υπάρχει ζήτηση.

- **Τα 5 μηδενικά** είναι μια έννοια διαχείρισης ποιότητας που
αναπτύχθηκε από την Toyota. Υποστηρίζει την ολική ποιό-
τητα σε μια γραμμή παραγωγής (μηδέν χρόνος, μηδέν
χαρτί, μηδέν απόθεμα, μηδέν αποτυχίες και μηδέν ελαττώ-
ματα).

ΣΥΣΤΑΣΕΙΣ

- Καθώς πρόκειται για μια συνεχή διαδικασία, συνιστάται να
μην σταματάτε μετά τις πρώτες αλλαγές, αλλά να αμφισβη-
τείτε συνεχώς τις καθιερωμένες διαδικασίες.

- Δεδομένου ότι όλοι οι εργαζόμενοι πρέπει να συμμετέχουν
στα έργα συνεχούς βελτίωσης, η διοίκηση πρέπει να δια-
σφαλίσει ότι έχουν κίνητρα. Αυτό εξαρτάται ιδιαίτερα από
την κουλτούρα της εταιρείας, γι' αυτό και οι εργαζόμενοι
πρέπει να παρακολουθούνται στενά, τόσο από τους προϊ-
στάμένους όσο και από το τμήμα ανθρώπινου δυναμικού.

- Καθώς οι διαχειριστές και οι ομάδες έργου πρέπει να δια-σφαλίζουν ότι όλοι συμμετέχουν και παραμένουν παρακι-νημένοι, θα πρέπει να εκπαιδεύονται στο Kaizen, στη διαχείριση ομάδων, στη διαχείριση ομαδικών συζητήσεων και στη λειτουργία κύκλων ποιότητας.

- Δεδομένου ότι είναι σημαντικό να θέσετε σαφείς και εφι-κτούς στόχους, είναι ζωτικής σημασίας να τους μετρήσετε προσεκτικά πριν και μετά την αλλαγή.

- Καθώς ο στόχος είναι η μεγιστοποίηση των αποτελεσμά-των, μπορεί να αξίζει να συμμετέχουν εργαζόμενοι με δια-φορετικές δεξιότητες, έτσι ώστε όλοι να εμπλουτίζουν τις συζητήσεις μοιράζοντας τις δικές τους γνώσεις.

ΜΕΛΕΤΗ ΠΕΡΙΠΤΩΣΗΣ: TOKIO DELIGHT

Η μελέτη μας επικεντρώνεται σε ένα ιαπωνικό εστιατόριο που εδρεύει στο κέντρο της πόλης, το Tokyo Delight. Πρόκειται για μια μικρή οικογενειακή επιχείρηση, με ήρεμη ιαπωνική ατμό-σφαιρα, η οποία προσφέρει γεύματα για κατανάλωση ή για να τα πάρετε μαζί σας. Το εστιατόριο λειτουργεί εδώ και αρκετά χρόνια και δεν αντιμετωπίζει σημαντικά οικονομικά προβλήματα, αλλά έχει αντιμετωπίσει κάποιες επαναλαμβα-νόμενες δυσκολίες, ιδίως στις κουζίνες. Ορισμένοι βοηθοί δεν είναι απόλυτα ικανοποιημένοι από την εργασία τους και παραπονιούνται μεταξύ άλλων για την κακή ατμόσφαιρα που επικρατεί εκεί. Μέχρι στιγμής δεν έχουν ληφθεί μέτρα για την αντιμετώπιση αυτού του προβλήματος, καθώς οι υπεύθυνοι πιστεύουν ότι όλα τα εστιατόρια υποφέρουν από τέτοιου είδους προβλήματα. Ο γιος του διευθυντή, ο οποίος φιλοδοξεί να αναλάβει το εστιατόριο σε λίγα χρόνια, θέλει να αντιμετωπίσει τα προβλήματα και να βελτιώσει τη λειτουργία του καταστήματος το συντομότερο δυνατό.

Το Kaizen ταιριάζει απόλυτα σε αυτή την κατάσταση, καθώς αφορά τη διόρθωση ορισμένων μικρών προβλημάτων που υπάρχουν σε μια οικογενειακή επιχείρηση που λειτουργεί καλά στο σύνολό της.

Στάδιο 1: Προκαταρκτική ανάλυση του The Tokyo Delight

Θα ξεκινήσουμε εξετάζοντας τα προβλήματα που αντιμετωπίζει το κατεστημένο. Χάρη στο διάγραμμα Ishikawa, οι διευθυντές είναι σε θέση να εντοπίσουν τις αιτίες και να τις κατηγοριοποιήσουν.

Μόλις εντοπιστούν τα κύρια προβλήματα, μπορεί να ξεκινήσει το έργο Kaizen. Οι διευθυντές ελπίζουν να επιλύσουν όσο το δυνατόν περισσότερα προβλήματα, με στόχο τη βελτίωση της ικανοποίησης των εργαζομένων, η οποία έχει αντίκτυπο στην ικανοποίηση των πελατών. Για παράδειγμα, η έλλειψη χώρου (που εντοπίστηκε κατά την κατάρτιση του διαγράμματος Ishikawa) προκαλεί συμφόρηση στην κουζίνα, η οποία με τη σειρά της οδηγεί σε μεγαλύτερους χρόνους αναμονής για τους πελάτες. Η ομάδα των σερβιτόρων αναγκάζεται να παίζει για το χρόνο κατά τη διάρκεια της αναμονής των πελατών, γεγονός που αυξάνει τακτικά τη γενική ένταση.

Το δεύτερο βήμα είναι η μέτρηση, ποσοτικά και ποιοτικά, των τρεχόντων προβλημάτων προκειμένου να συγκριθούν τα δεδομένα αργότερα. Δεν καλύπτονται όλα εδώ, καθώς το πρόβλημα με τους βουλωμένους νεροχύτες, για παράδειγμα, δεν μπορεί να μετρηθεί.

Τέλος, παράγεται ένα επιχειρησιακό σχέδιο για το έργο Kaizen. Εδώ περιορίζεται σε μία εβδομάδα:

- **Ημέρα 1:** Προκαταρκτική ανάλυση, υπολογισμός των χρόνων προμήθειας και προετοιμασίας του μενού, έρευνες ικανοποίησης πελατών και εργαζομένων.

- **Ημέρα 2:** Δημιουργία του κύκλου ποιότητας, καταιγισμός ιδεών για τον εντοπισμό των κύριων ιδεών για βελτίωση.

- **Ημέρα 3:** Εφαρμογή των βελτιώσεων και υπολογισμός των προκαταρκτικών αποτελεσμάτων.

- **Ημέρα 4:** Εφαρμογή των βελτιώσεων και υπολογισμός των αποτελεσμάτων.

- **Ημέρα 5:** Τέλος της εφαρμογής των βελτιώσεων και υπολογισμός των τελικών αποτελεσμάτων. Απολογισμός, επιβράβευση του καλύτερου εργαζομένου και ανατροφοδότηση.

Στάδιο 2: Επιλογή ομάδων εργασίας και κύκλων ποιότητας

Το δεύτερο στάδιο περιλαμβάνει την επιλογή των ομάδων εργασίας. Συνήθως, το εστιατόριο έχει μόνο τους δύο διευθυντές, οι οποίοι συχνά απασχολούνται στην κουζίνα, δύο βοηθούς κουζίνας και δύο σερβιτόρους στην τραπεζαρία. Εν τω μεταξύ, ο γιος του διευθυντή φροντίζει για την ταμειακή μηχανή, τις παραγγελίες και τις παραλαβές. Δεδομένου ότι όλοι συμμετέχουν, έρχονται μαζί για να σχηματίσουν έναν ενιαίο κύκλο ποιότητας. Ο φιλόδοξος νεαρός, έχοντας ξεκινήσει το έργο, εκπαιδεύεται στην τεχνική Kaizen, ώστε το έργο να προχωρήσει καλά.

Μετά από μια εντατική συνεδρία καταιγισμού ιδεών, η ομάδα καταφέρνει τελικά να καταλήξει σε μια σειρά μέτρων για τη βελτίωση της κατάστασης. Δυστυχώς, δεν επιλύονται όλα τα προβλήματα- ωστόσο, απλώς αναβάλλονται για το επόμενο έργο Kaizen. Παρακάτω παρατίθεται ο κατάλογος των προτεινόμενων λύσεων, ταξινομημένος με βάση τις κατηγορίες του διαγράμματος Ishikawa.

Στάδιο 3: Εφαρμογή και υπολογισμός των αποτελεσμάτων

Το τρίτο στάδιο αποτελεί τον πυρήνα του έργου. Αφού προσδιοριστούν οι βελτιώσεις, το μόνο που απομένει είναι η εφαρμογή τους. Καθώς πρόκειται για μικρές σταδιακές αλλαγές και όχι για μεγάλες καινοτομίες, τρεις ημέρες εφαρμογής θα είναι υπεραρκετές.

Στη συνέχεια, ήρθε η ώρα να υπολογιστούν τα αποτελέσματα. Η συλλογή δεδομένων μπορεί να διαρκέσει αρκετές ημέρες. Για την απλούστευση της διαδικασίας, στην παρούσα ενότητα παρουσιάζεται μια σύνοψη των αποτελεσμάτων που προέκυψαν.

Στάδιο 4: Απολογισμός και ανατροφοδότηση

Τέλος, το Tokyo Delight μπορεί να ξεκινήσει το τέταρτο και τελευταίο στάδιο του έργου Kaizen: τη φάση της ενημέρωσης. Τα αποτελέσματα δείχνουν ότι η ικανοποίηση των εργαζομένων έχει αυξηθεί κατά 30%. Αυτός είναι ένας από τους κύριους στόχους της προσέγγισης Kaizen. Οι ιδιοκτήτες του εστιατορίου αναγκάστηκαν να παραμερίσουν ορισμένους τομείς προς βελτίωση, αλλά αυτοί θα αντιμετωπιστούν αργότερα σε άλλο έργο. Ελπίζεται ότι το εστιατόριο αυτό θα ξεκινήσει σύντομα έναν νέο κύκλο βελτίωσης, ώστε να βελτιώνει συνεχώς τις υπηρεσίες του.

Σημειώστε, ωστόσο, ότι σε αυτό το παράδειγμα, με τον κύκλο της αλλαγής και το περιθώριο βελτίωσης να είναι σχετικά μικρό, δεν υπήρχε ανάγκη παροχής καθοδήγησης και υποστήριξης στους εργαζόμενους. Ωστόσο, εξακολουθεί να είναι σημαντικό να συγχαρούμε τον καθένα από αυτούς και να ευχαριστήσουμε την ομάδα για τη συμμετοχή τους. Όπως αναφέρθηκε προηγουμένως, τα κίνητρα που προκύπτουν είναι απαραίτητα για την επιτυχία των μελλοντικών κύκλων Kaizen.

Συμπέρασμα

Όπως είδαμε, το Kaizen μπορεί να εφαρμοστεί σε ένα πολύ απλό παράδειγμα όπως αυτό που επιλέξαμε.

Αν και η μέθοδος αυτή μπορεί να χρησιμοποιηθεί στις περισσότερες επιχειρήσεις, πρέπει να θυμόμαστε ότι η κουλτούρα της επιχείρησης συμβάλλει σημαντικά στην επιτυχία ενός έργου Kaizen.

Ενώ τα προβλήματα που αντιμετωπίστηκαν ήταν αρκετά γενικά και θα μπορούσαν να συνοψιστούν ως ένα ενιαίο συνολικό πρόβλημα ικανοποίησης των εργαζομένων, το διάγραμμα Ishikawa επέτρεψε τον εντοπισμό των διαφόρων στοιχείων του προβλήματος. Με την ανάδειξη των αιτιών και κυρίως με τη σαφή παρουσίασή τους, το βήμα αυτό παρείχε μια στέρεη βάση για να δουλέψει κανείς. Σε αυτό προστίθεται η ανάγκη παρακολούθησης των σταδίων καθ' όλη τη διάρκεια του έργου, ώστε αυτό να εκτελείται ομαλά. Εάν αρκετά σημεία προς βελτίωση δεν έχουν ακόμη αντιμετωπιστεί μετά το πρώτο έργο Kaizen, θα είναι δυνατόν να βρεθούν οι κατάλληλες λύσεις κατά τη διάρκεια ενός επόμενου Kaizen.

Για παράδειγμα, στην περίπτωση της έλλειψης χώρου για την κουζίνα στο The Tokyo Delight, μπορεί να είναι καλή ιδέα να αναδιαταχθεί ο χώρος όλων, ώστε να μην μπαίνουν οι εργαζόμενοι ο ένας στον δρόμο του άλλου. Το σημαντικό είναι να έχετε κατά νου ότι η βελτίωση πρέπει να είναι συνεχής.

- 26 -

Για παράδειγμα, στην περίπτωση της έλλειψης χώρου για την κουζίνα στο The Tokyo Delight, μπορεί να είναι καλή ιδέα να αναδιαταχθεί ο χώρος όλων, ώστε να μην μπαίνουν οι εργαζόμενοι ο ένας στον δρόμο του άλλου. Το σημαντικό είναι να έχετε κατά νου ότι η βελτίωση πρέπει να είναι συνεχής.

ΠΕΡΙΟΡΙΣΜΟΙ ΚΑΙ ΕΠΕΚΤΑΣΕΙΣ

ΠΕΡΙΟΡΙΣΜΟΙ ΚΑΙ ΚΡΙΤΙΚΕΣ

Παρόλο που το Kaizen έχει αναμφισβήτητα πλεονεκτήματα, έχει αποτελέσει αντικείμενο αρκετών επικρίσεων. Η κύρια κριτική αυτής της προσέγγισης που προωθεί τη βελτίωση και όχι την καινοτομία είναι το γεγονός ότι δεν λύνει όλα τα προβλήματα: η συνεχής βελτίωση ενός προϊόντος με αφετηρία αυτό που έχει ήδη γίνει και έχει αλλάξει δεν επιτρέπει τη διόρθωση όλων των προβλημάτων. Μερικές φορές, είναι απαραίτητο να ξεκινήσουμε από το μηδέν και να επανασχεδιάσουμε ολόκληρη τη διαδικασία, προκειμένου να εργαστούμε από μια υγιή βάση.

Άλλες επικρίσεις αυτής της προσέγγισης περιλαμβάνουν τα εξής:

- Ενώ το Kaizen επιτρέπει ομαλές βελτιώσεις, είναι σημαντικό να είστε προσεκτικοί με τις αλλαγές που είναι "πολύ ομαλές". Εάν μια εταιρεία υστερεί σε σχέση με τους ανταγωνιστές της όσον αφορά τα προϊόντα και τις υπηρεσίες που προσφέρει, οι μικρές συνεχείς βελτιώσεις δεν αρκούν για να ανακτήσει γρήγορα μερίδια αγοράς. Εάν ένας ανταγωνιστής λανσάρει ένα νέο και επαναστατικό τύπο προϊόντος, για παράδειγμα, είναι πιθανό να είναι δύσκολο να εφαρμοστεί το Kaizen σε προϊόντα που, στην πραγματικότητα, έχουν ξεπεραστεί, προκειμένου να γίνουν και πάλι ανταγωνιστικά.

- Η προσέγγιση αυτή απαιτεί ισχυρά κίνητρα και συνεπώς την πλήρη συμμετοχή όλων των εμπλεκομένων. Στην Ιαπωνία, η έννοια της εταιρικής κουλτούρας είναι πολύ πιο ανεπτυγμένη από την άποψη αυτή και η σχέση μεταξύ εργαζομένων και διοίκησης είναι αυστηρή και τυπική. Η δέσμευση των εργαζομένων είναι αυθόρμητη, γι' αυτό και η έννοια αυτή είναι επιτυχής εκεί. Αυτή η αρχή δεν είναι πάντα εφαρμόσιμη στη Δύση. Εάν χρησιμοποιείται, ένα πρόγραμμα ανταμοιβών και κινήτρων μπορεί να είναι απαραίτητο για να εξασφαλιστεί η επιτυχία του έργου Kaizen.

- Τέλος, το Kaizen μπορεί να αμφισβητηθεί από δεοντολογική άποψη, εάν εφαρμόζεται με άδικο τρόπο. Η εφαρμογή του Kaizen σε μια επιχείρηση μπορεί, μέσω της βελτίωσης μιας αλυσίδας παραγωγής, της αύξησης της παραγωγικότητας και της αύξησης της ανταγωνιστικότητας, να οδηγήσει σε εσωτερική αναδιοργάνωση (απολύσεις εργαζομένων κ. λπ.). Πρόκειται για άδικη κατανομή των οφελών του Kaizen. Λογικά, αν μια επιχείρηση γίνεται πιο ευημερούσα, θα πρέπει να παρέχει καλύτερη ασφάλεια των θέσεων εργασίας. Ωστόσο, στην πράξη, συχνά συμβαίνει το αντίθετο: καταργούνται θέσεις που έχουν καταστεί άχρηστες, γεγονός που οδηγεί στην απόλυση εργαζομένων ή στην επανατοποθέτησή τους σε νέες θέσεις που ανταποκρίνονται καλύτερα στις ικανότητές τους.

ΣΧΕΤΙΚΑ ΜΟΝΤΕΛΑ ΚΑΙ ΕΠΕΚΤΑΣΕΙΣ

Το Kaizen συγκρίνεται συχνά με δύο ιαπωνικά μοντέλα: Kaikaku, ένα εργαλείο που βασίζεται στην καινοτομία για ριζικές αλλαγές, και το Hoshin, ένα εργαλείο ταχείας εφαρμογής που βασίζεται στο Kaizen. Γενικότερα, το Kaizen μπορεί επίσης να συζητηθεί μαζί με τον τεϋλορισμό και τον φορντισμό, δύο τύπους οργάνωσης της εργασίας.

Η έννοια Kaikaku

Η μέθοδος Kaikaku, η οποία, όπως και το Kaizen, προέρχεται από την Ιαπωνία, χρησιμοποιείται επίσης για τη βελτίωση της ποιότητας. Το όνομά της, που συνήθως μεταφράζεται ως "ριζική αλλαγή" σε μια διαδικασία (συχνά στην παραγωγή για την αύξηση της αποτελεσματικότητας), δεν αντανακλά πλέον την επιθυμία για συνεχή βελτίωση, αλλά για βαθιά καινοτομία. Αν και οι δύο φιλοσοφίες είναι παρόμοιες (στο ότι και οι δύο βασίζονται στη βελτίωση), η Kaikaku δεν είναι μια συνεχής μέθοδος, καθώς οι αλλαγές γίνονται και ολοκληρώνονται στο πλαίσιο ενός συγκεκριμένου έργου και με συγκεκριμένο στόχο.

Η προσέγγιση Hoshin

Σημαίνοντας "διαχείριση της κατεύθυνσης", η διαδικασία Hoshin είναι σχετικά παρόμοια με το Kaizen, με τη διαφορά ότι είναι χρονικά περιορισμένη. Το Hoshin, που ονομάζεται επίσης Blitz Kaizen ("αστραπιαίο Kaizen"), βασίζεται σε πολύ συγκεκριμένες στρατηγικές αλλαγές που εφαρμόζονται πολύ γρήγορα. Στις περισσότερες περιπτώσεις, ο στόχος είναι να ανταποκριθεί εντός περιορισμένου χρονικού πλαισίου σε σημαντικό ανταγωνισμό. Το σύστημα διαφέρει από το Kaizen, ιδίως όσον αφορά τη λήψη αποφάσεων, η οποία δεν γίνεται πλέον στο πλαίσιο ομάδων εξουσιοδοτημένων εργαζομένων, αλλά σε επίπεδο διοίκησης.

Τεϊλορισμός

Ο τεϋλορισμός είναι μια επιστημονική οργάνωση της εργασίας που προέρχεται από τις Ηνωμένες Πολιτείες, κατά την οποία οι μέθοδοι και οι κινήσεις των εργαζομένων μελετώνται και μετρώνται με ακρίβεια με σκοπό τη βελτιστοποίησή τους. Το σύστημα αναπτύχθηκε για πρώτη φορά από τον Frederick Winslow Taylor στα τέλη του 19ου αιώνα, πολύ πριν από τη σύλληψη του Kaizen, και αποσκοπεί στην αύξηση των κερδών μέσω της βελτιστοποίησης της παραγωγικότητας και της βελτίωσης των συνθηκών εργασίας των εργαζομένων. Στην πράξη, αυτό σημαίνει ότι κάθε εργαζόμενος εργάζεται σε απλές, τυποποιημένες και επαναλαμβανόμενες εργασίες.

Φορντισμός

Παίρνοντας το όνομά του από τον Αμερικανό βιομήχανο Χένρι Φορντ (1843-1947), το σύστημα αυτό οργάνωσης της εργασίας βασίζεται στα αξιώματα του τεϋλορισμού και εφαρμόστηκε στο εργοστάσιο της Φορντ όταν άνοιξε το 1905. Ουσιαστικά εγκαταλελειμμένο σήμερα, εκείνη την εποχή στόχευε στη μαζική παραγωγή τυποποιημένων προϊόντων (όπως το περίφημο Ford Model T), με αποτέλεσμα την εργασία σε γραμμές και συνεπώς την υψηλότερη παραγωγικότητα. Οι συνθήκες εργασίας για τους εργαζόμενους της Ford ήταν πάντα σκληρές και δύσκολα βελτιώσιμες- μόνο οι μισθοί μπορούσαν να χρησιμεύσουν ως πηγή κινήτρων.

ΠΕΡΙΛΗΨΗ

- Το Kaizen είναι μια διαδικασία συνεχούς βελτίωσης που εισήχθη από τον Taiichi Ohno, έναν Ιάπωνα μηχανικό, ο οποίος θεωρείται ο πατέρας του συστήματος παραγωγής της Toyota. Η φιλοσοφία αυτή υποστηρίζει τη διαχείριση της ποιότητας, τη μείωση των αποβλήτων και τη βελτίωση της παραγωγής.

- Η μέθοδος Kaizen μπορεί να εφαρμοστεί στην πλειονότητα των επιχειρήσεων και επιτρέπει γρήγορες και ελάχιστες βελτιώσεις σε σχετικά σύντομο χρονικό διάστημα και με περιορισμένο προϋπολογισμό.

- Μία από τις σημαντικότερες προϋποθέσεις για ένα επιτυχημένο έργο Kaizen είναι η παρακίνηση και η συμμετοχή όλων των εργαζομένων στο έργο. Οι εργαζόμενοι, οι οποίοι εμπλέκονται άμεσα, θα πρέπει να είναι οι κύριοι συμμετέχοντες στο έργο Kaizen και στην αναζήτηση των κατάλληλων λύσεων.

- Οι εφαρμογές της διαδικασίας στις επιχειρήσεις καλύπτουν τα ακόλουθα θέματα:

  - βελτίωση της ποιότητας,

  - την εξάλειψη των αποβλήτων,

  - μειωμένο κόστος παραγωγής και συντήρησης,

  - αυξημένη παραγωγή,

  - βελτιωμένες συνθήκες εργασίας.

- Το Kaizen επιτρέπει στους χρήστες να εφαρμόζουν περιορισμένες και ομαλές αλλαγές, γεγονός που μειώνει την πίεση που αισθάνονται οι εργαζόμενοι. Άλλα πλεονεκτήματα περιλαμβάνουν την ταχύτητα με την οποία εφαρμόζονται οι βελτιώσεις και επιτυγχάνονται τα αποτελέσματα. Το Kaizen συμβάλλει επίσης στη διατήρηση των κινήτρων της ομάδας και στην αποφυγή όσο το δυνατόν περισσότερων κινδύνων (οικονομικών και τεχνικών), καθώς οι μακροχρόνιες και ενίοτε αβέβαιες καινοτομίες εξαλείφονται αυτόματα. Τέλος, ένα επιτυχημένο έργο Kaizen βασίζεται περισσότερο στην ενεργό συμμετοχή και τη θετική νοοτροπία των εργαζομένων παρά στις οικονομικές επενδύσεις.

- Οι επικριτές της προσέγγισης υπογραμμίζουν την έλλειψη καινοτομίας στις αλλαγές, την ανάγκη για μια ισχυρή εταιρική κουλτούρα και την ενίοτε άδικη κατανομή των κερδών από το Kaizen (κοινωνική πτυχή).

- Το Kaikaku, που σημαίνει "ριζική αλλαγή", είναι μια έννοια που ακολουθεί την αντίθετη προσέγγιση του Kaizen. Επικεντρώνεται σε βαθιές καινοτομίες και όχι σε μικρές βελτιώσεις.

- Τέλος, το Kaizen είναι μια προσέγγιση που χρειάζεται άλλα εργαλεία για να λειτουργήσει. Αυτά, που συχνά προέρχονται από το σύστημα παραγωγής της Toyota, δρουν σε επίπεδο διαχείρισης της ποιότητας, εφοδιαστικής just-in-time, αναδιοργάνωσης των χώρων εργασίας ή συντήρησης των μηχανημάτων.

ΠΕΡΑΙΤΕΡΩ ΑΝΑΓΝΩΣΗ

ΒΙΒΛΙΟΓΡΑΦΙΑ

Agence Nationale pour la Promotion de l'Innovation et de la Recherche au Luxembourg (2008) *Diagramme d'Ishikawa = diagramme cause-effet.* [Online]. [Πρόσβαση 15 Φεβρουαρίου 2017]. Διαθέσιμο από: < http://www. innovation.public.lu/fr/innover/gestion-innovation/ resolution-probleme/diagrammeishikawa-fr.pdf>

Chaoui, K. (2004) *Le concept-clé du zéro défaut en qualité.* Annaba: Πανεπιστήμιο Badji Mokhtar.

Charraud, P. (2009) *Le Kaizen du service pièces en concession.* Paris: Télécom ParisTech.

Granger, R. (2016) Les 5S: Seiri, Seiton, Seiso, Seiketsu, Shitsuke. *Διευθυντής GO!* [Online]. [Πρόσβαση 25 Μαΐου 2015]. Διαθέσιμο από: < http://www.manager-go.com/management-de-la-qualite/methode-5s.htm>

HenryFord.fr (Χωρίς ημερομηνία) *Toyotisme.* [Online]. [Πρόσβαση 25 Μαΐου 2015]. Διαθέσιμο από: < http://www. henryford.fr/fordisme/toyotisme/>

Hohmann, C. (Χωρίς ημερομηνία) Kaizen amélioration continue. *Christian Hohmann.* [Online]. [Πρόσβαση 25 Μαΐου 2015]. Διαθέσιμο από: < http://christian.hohmann. free.fr/index.php/lean-entreprise/lean-management/289-kaizen-amelioration-continue>

Hohmann, C. (Χωρίς ημερομηνία) La méthode SMED. *Christian Hohmann.* [Online]. [Πρόσβαση 25 Μαΐου 2015]. Διαθέσιμο από: < http://chohmann.free.fr/lean/smed_fr.htm>

Ishikawa, K. (1984) *La gestion de la qualité.* Paris: Dunod.

Kamata, S. (2008) *Toyota, l'usine du désespoir*. Paris: Demopolis.

Liker, J. (2012) *Le modèle Toyota*. Paris: Pearson Education.

Ohno, T. (1990) *L'esprit Toyota*. Paris: Masson.

Ohno, T. and Mito, S. (1992) *Présent et avenir du Toyotisme*. Paris: Masson.

Porter, L. J. and Parker, A. J. (2006) *Total Quality Management. Οι κρίσιμοι παράγοντες επιτυχίας*. Bradford: Bradford: University of Bradford Management Center.

Processus Qualité (Χωρίς ημερομηνία) *L'approche Kaizen*. [Online]. [Πρόσβαση 25 Μαΐου 2015]. Διαθέσιμο από: < https://processusqualite.wordpress.com/lapproche-kaizen/>

Régol, O. and Bélanger, R. P. (2003) *Le Kaizen : ses principes et ses conséquences pour les ouvriers et syndicats*. Μόντρεαλ: Les cahiers du CRISES.

BINTEO

Lean = Kaizen + σεβασμός. (2012) [Βίντεο]. Michael Ballé. Institut Lean France. Διαθέσιμο από: < https://www.youtube.com/watch?v=OfswK6ebrt8>

Lean Services : origines et bénéfices. (2013) [Βίντεο]. Marie-Pia Ignace. Institut Lean France. Διαθέσιμο από: < https://www.youtube.com/watch?v=aRQI9JAI-I4>

Θέλουμε να σας ακούσουμε!
Αφήστε ένα σχόλιο για την ηλεκτρονική σας βιβλιοθήκη
και μοιραστείτε τα αγαπημένα σας βιβλία στα μέσα κοινωνικής δικτύωσης!

Ο εκδότης διασφαλίζει την αξιοπιστία των πληροφοριών που δημοσιεύονται, η οποία όμως δεν μπορεί να αποτελέσει ευθύνη του.

Κύριο ISBN: 9782808600385
ISBN: 9782808601832
Νόμιμη κατάθεση: D/2022/12603/184

Ψηφιακός σχεδιασμός: Primento,
ο ψηφιακός συνεργάτης των εκδοτών.